おうちでできるあのメニュー

純喫茶レシピ

高山かづえ 著
難波里奈 監修

誠文堂新光社

彼女と純喫茶

とある住宅街に料理人が暮らしていました。台所の窓からはいつもおいしそうな匂いが漂っていて、通りがかった人のおなかを鳴らします。よく晴れたある春の日の午後には、たっぷりのケチャップで炒められたもちもちのナポリタン、できたてのケチャップライスを薄い卵焼きで包んだオムライス、ひき肉と一緒に煮込まれたカレー、誰もが笑顔になってしまうつやつやのプリン、ひとり占めしたくなるいちごパフェなど、クラシカルな喫茶店で楽しい食事を楽しんでいる時間を想像させる匂いが周辺の人たちをうっとりさせたのです。

まるで魔法のように、次々とおいしい料理を生み出すのは、笑顔の美しい一人の女性でした。彼女が人々を幸せにする素敵な職業を選んだのは、幼い頃の思い出がきっかけでした。

春には咲き乱れる桜と菜の花、夏にはむせ返るほどの青い香りを発して強い生命力を感じさせる植物たち、秋にはセンチメンタルな感情を誘う色鮮やかな紅葉の木々、冬には音さえも吸い込んでしまうようなしんと静まった雪……。そんな風に四季を感じることのできる線路沿いの街に彼女は生まれました。

駅から少し歩いたところに看板の出ていないお店があって、5年経っても10年経ってもまるでそこだけは時間が止まってしまったかのように静かに佇んでいました。少しずつ色褪せていく壁の色とは裏腹に、扉を開ける人たちの賑わいは一向に衰えることなく、常においしそうな匂いと共に楽しそうな笑い声が聞こえてくるのです。しかし、生まれた時からずっと同じところで育った彼女にはあまりにも見慣れた風景の一部となっていて、中の様子を知らないままに何年も過ぎたのでした。

ある夏の日のこと。その店の前を通るといつもと同じようにおいしそうな匂いがして、彼女はとてもおなかが空いていたことを思い出しました。「せっかくだから、ここで何か食べて帰ろうかな」。そう思うも、ドアノブにかけた手を回す勇気がなかなか出ません。そのまましばらく立ちつくしていると、向こう側から人の気配がして扉が開いたのです。

「こんにちは。よかったら中へどうぞ。外は暑いでしょう?」。そう言ってにっこり迎え入れてくれたのは、やさしそうな初老の男性でした。白いシャツを着て蝶ネクタイを締めていますが、決して堅苦しい雰囲気ではなく、訪れる誰しもを受け入れてくれそうな穏やかな佇まいです。緊張しながらも光の差し込む窓際の席に腰を下ろして、普段とは違った場所にいる自分にどきどきしながらも、何年も経てようやく様子を知ることができた店内をぐるりと見渡します。

15人も入ったらいっぱいになってしまうような広さの空間、夕焼けみたいな色であたたかく照らすランプたち、どこか教会を思わせる背もたれの高い椅子は座り心地がよく、時間を重ねた色合いの重厚なテーブルについているいくつもの細かい傷は

ここで過ごした人たちの思い出の数のようです。清潔に整えられたカウンターの奥が男性の定位置のようで、その背後に備えつけられた大きな棚へ綺麗に並べられたコーヒーカップたちはきちんと手入れされていて長い間大切に使われてきたことがわかります。

「マスター、珈琲を1杯」。カウンター席の隅にいた、この店の空気によく馴染んでいる常連客らしき男性が声を掛けます。「店主のことは『マスター』と呼べばいいんだ」。彼女は口の中で小さく「マスター」と繰り返します。

注文を受けたマスターが何やら作業を行った器具の中で珈琲色の液体が上昇する様子が気になってじっと見ていると、「サイフォンっていうんだよ。珈琲を淹れるためのものなのだけど何だか不思議でしょう?」。

魔法の器具から生まれた珈琲が男性のテーブルに運ばれた後、マスターは水の入ったグラスとおしぼり、そしてメニュー表を持ってきてくれました。彼女は目に入るすべてのものが新鮮でわくわくしていましたが、それを悟られたくなくて冷静を装っ

てメニューに視線を落とします。開いた先には、「ナポリタン」「ミートソーススパゲッティ」「トースト」「ピザトースト」「フレンチトースト」「タマゴサンド」「クロックムッシュ」「ミックスサンドイッチ」「オムライス」「ビーフカレー」「キーマカレー」「メロンクリームソーダ」「レモンスカッシュ」「ミルクセーキ」「ミックスフルーツサンド」「バナナとパインのフルーツサンド」「ホットケーキ」「コーヒーゼリー」「カスタードプリン」「プリン・ア・ラ・モード」「いちごパフェ」「チョコレートパフェ」など、心躍る文字がキラキラと並んでいたのでした。

「わぁ……カレーライスとホットケーキはおうちで食べたことがあるけれど、あとは一体どんな味がするのかしら？」。目移りしてしまってなかなか決められない彼女の様子を

見て、マスターは頬をゆるませます。「何でも食べたいものをどうぞ」。その言葉につられるように、彼女は「ナポリタン」と「メロンクリームソーダ」を選びました。先ほどまで珈琲の香りが漂っていたカウンターの向こうから、今度はフライパンの上で麺が躍るじゅうじゅうとした音が響き、彼女の席まで届いた香ばしい匂いはますますおなかを空かせます。同時に、カランと音を立てた氷と緑色をしたシロップが透明なグラスに注がれ、新鮮な泡を弾かせるソーダ水が美しいグラデーションを作ります。丸くくりぬかれた真っ白なアイスクリームと赤いさくらんぼでおめかしするように。

　ほかほかと湯気を立てたできたてのお皿と、夏の微熱を冷ましてくれそうな爽やかな飲み物が彼女の元に運ばれてきました。「いただきます！」。手を合わせてまずはフォークでひと口。「おいしい！」。その後は夢中になってお皿はあっという間に空っぽに。続けて、初めて飲む美しくて甘いクリームソーダも。

「おいしかったかな？」。そう聞くマスターはとてもうれしそうです。「よかったらまたほかのメニューも食べに来てね」。

そんなやり取りをした日から、彼女がその街を離れるまでの何年もの間、数えきれないほどこちらに足を運んでは、すべてのメニューを何度も何度も味わったのでした。

それからさらに数年……。暮らしていた街を出ていくつかの料理店に勤めた彼女は、ほろりと涙がこぼれるような悲しい出来事があると、なぜだかあの夏の日の記憶を呼び起こし、確実に自分を幸せにしたやさしい料理たちのことを思い浮かべるのでした。こうして彼女はおいしいものばかりをふるまう料理人となって、今ではたくさんの人たちを喜びの世界へ誘っているのです。

心を込めて作られた料理は食べた人たちを笑顔にします。おいしいものを口にした時の喜びはきっと共通の感情ではないでしょうか。生きていれば楽しい時間ばかりではなく、落ち込んでしまったり、さみしい気持ちになる日も。そんな時にふと口にした何気ない食事が自分の心に大きな影響を与えることも少なくありません。「幸せ」。そう思える瞬間は何物にも替えがたいもの。

ここまでお読みくださった皆さま、今日はとっておきの純喫茶メニューを自分のために、もしくは誰かのために作ってみませんか？「おいしいね」。その一言が発せられた今日はよい一日だと思っています。

難波里奈

純喫茶の愉しみ

マスターの経験とこだわりで、メニューに魔法がかけられます。

美しいカップたちにうっとり。
ディスプレイも見逃せません。

果物、生クリーム、
グラス、盛りつけ。
すべてに愛情が注がれます。

かりかりに焼いたトーストに
たっぷりのバター。
変わらない味が魅力。

一人でぼんやりするのもいいですが、
マスターと触れ合うのも愉しい。

シュワシュワシュワ。
心ときめく瞬間がここにも。

美しい形をたっぷり堪能して、
いただきます。

MENU

コラム

彼女と純喫茶 ………………… 002

純喫茶の愉しみ ………………… 011

お食事

ナポリタン ………………… 022

ミートソーススパゲッティ ………………… 026

バタートースト ………………… 028

ハーフジャムトースト ………………… 028

クリームトースト ………………… 029

シュガートースト ………………… 029

ピザトースト ………………… 032

フレンチトースト ………………… 034

タマゴサンド／ゆで卵 ………………… 036

タマゴサンド／卵焼き ………………… 037

クロックムッシュ ………………… 040

ミックスサンドイッチ ………………… 042

オムライス ………………… 044

ビーフカレー ………………… 048

キーマカレー ………………… 052

あまいもの

メロンクリームソーダ …… 056
レモンスカッシュ …… 058
ミルクセーキ …… 058
ミックスフルーツサンド …… 060
バナナとパインのフルーツサンド …… 062
ホットケーキ …… 066
コーヒーゼリー …… 068
カスタードプリン …… 070
プリン・ア・ラ・モード …… 072
いちごパフェ …… 074
チョコレートパフェ …… 076

お店の味

珈琲 琵琶湖 [ナポリタン] …… 080
カフェ アルル [インド オムラ] …… 084
ヘッケルン [ジャンボプリン] …… 088
珈琲 ショパン [アンプレス] …… 092
ローヤル [チョコレートパフェ] …… 096
ミモザ [ビッグホットケーキ] …… 100
珈琲専門店 エース [元祖のりトースト] …… 104
コーヒープラザ 壹番館 [クリームソーダ] …… 106
ワンモア [フレンチトースト] …… 108
プチモンド [フルーツサンド] …… 110

純喫茶

お食事

ナポリタンやオムライスなど、
時代を超えて愛される
喫茶店フードの王道メニュー。
いつもはお店で味わうあの味を
おうちで再現してみませんか?
おなかも心も満足すること、請け合いです。

SWEET Flexible Straw

ナポリタン

スパゲッティの王道といえば、ナポリタン。
少し長めにゆでたもちもち食感の麺に、
甘めのケチャップ味が懐かしい味わい。

材料（1人分）

スパゲッティ（太さ1.6㎜ほど）…80g
サラダ油…小さじ1
ベーコン…1枚（15g）
ソーセージ…1本
玉ねぎ…1/8個
マッシュルーム（水煮）…1/2袋（25g）
ピーマン…1/2個
バター…10g
白ワイン…大さじ1
塩、こしょう…各少々
トマトソース
　トマトケチャップ…大さじ2
　トマトピューレ…大さじ1
　ウスターソース…小さじ1/2
粉チーズ、タバスコ…各適量

作り方

【スパゲッティをゆでる】

❶ 1ℓの湯に塩小さじ2（分量外）を加え、スパゲッティを袋の表示より1分ほど長めにゆでる。ざるに上げて水で洗って油をからめる。

※水で洗ってしめることで、炒めてもベタつかない。多めにゆでて油をからめたゆでおき麺は翌日も使用できる。

【具材を切る】

❷ 玉ねぎは縦薄切りにする。ピーマンは種とワタを取り、横に細切りにする。ベーコンは1㎝幅に切る。ソーセージは3㎜厚さの斜め切りにする。

【スパゲッティと具材を炒める】

❸ フライパンにバターを中火で熱し、ピーマン以外の②の具材とマッシュルームを入れ、玉ねぎが透き通るまで炒める。

❹ スパゲッティを加えて強火にし、焼きつけるようにして1分ほど炒め、ピーマン、白ワイン、塩、こしょうを加えてさらに2分ほど炒める。

【トマトソースを加える】

❺ トマトソースの材料を合わせて④に加え、全体に味がなじむように炒め合わせる。

※ケチャップにトマトピューレとウスターソースを混ぜることでお店の味に。

❻ 器に盛り、好みで粉チーズ、タバスコをふる。

ミートソーススパゲッティ

デミグラスソース入りのミートソースは、深みのある本格派の味わい。一度食べると、クセになるおいしさです。

材料
（1人分／ミートソースは2～3人分）

ミートソース
- 合いびき肉…250g
- **A** 塩…小さじ¼
- こしょう…少々
- 玉ねぎ（みじん切り）…1個
- にんじん（みじん切り）…¼本
- にんにく（みじん切り）…1かけ
- 赤ワイン…¼カップ
- **B** トマトの水煮（ダイスカット）…300g
- デミグラスソース（市販）…¼カップ
- トマトケチャップ…大さじ2
- ローリエ…1枚
- 塩…小さじ¼
- こしょう…少々

- オリーブ油…適量
- スパゲッティ（太さ1.6㎜ほど）…80g
- 白ワイン…大さじ1
- 塩、こしょう…各少々
- バター…10g
- 粉チーズ…適量

作り方

【ミートソースの準備をする】

❶ひき肉に**A**をふって下味をつける。

【香味野菜を炒める】

❷フライパンにオリーブ油大さじ1、にんにくを入れて中火にかけ、香りが立ってきたら、玉ねぎ、にんじん、塩ひとつまみ（分量外）を加えて5分ほど炒め、取り出す。

【肉を炒める】

❸フライパンをさっと洗い、オリーブ油大さじ1を入れて中火で熱する。ひき肉を入れて2分ほど焼きつけるようにしっかり炒めたら、赤ワインを加える。水分がなくなるまで煮詰め、②を戻し入れる。

【トマトなどを加えて煮込む】

❹③に**B**と水1カップ（分量外）を加え、煮立ったら弱火にして30分ほど煮る。途中で2～3回、底から返すように混ぜる。

※デミグラスソースを加えると、よりコクと深みのある味わいに。

【スパゲッティをゆでて炒める】

❺1ℓの湯に塩小さじ2（分量外）を加え、スパゲッティを袋の表示より1分ほど長めにゆでる。ざるに上げて水で洗って水気をきる。

❻フライパンにオリーブ油小さじ1を入れて中火で熱し、スパゲッティを加えて強火にし、焼きつけるようにしてさっと炒め、塩、こしょう、白ワインを加えて炒め合わせる。火を止めてバターを加え、麺にからめる。

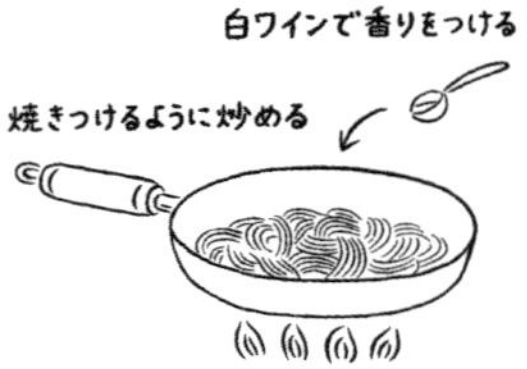

【器に盛る】

❼スパゲッティを器に盛り、④のミートソースをかける。好みで粉チーズをふる。

トースト

バタートースト

バターがジュワ〜ッと
しみ込んだ
厚切りトースト。

ハーフジャムトースト

バターの塩気と
甘酸っぱい
いちごジャムの定番。

クリームトースト

トーストの熱で
ほんのり溶ける
クリームがおすすめ。

シュガートースト

カリッと焼けた
砂糖が香ばしくて、新鮮。

下準備

❖ バターが冷たいとパンにしみ込みにくいため、室温にもどしておく。もどす時間がないときは、溶けない程度に電子レンジで加熱を。

バタートースト

材料（1人分）

食パン（4枚切り）…1枚
バター…20g

切り込みはパンの厚さの半分くらいまで!

作り方

❶ 食パンは耳の内側に四角くナイフで切り込みを入れ、さらに6等分に切り込みを入れる。
※厚切り食パンにバターがしみ込みやすいよう、切り込みを。

❷ オーブントースターに入れ、きつね色になるまで焼く。

❸ 熱いうちに全体にバターを塗る。
※切り込みの中までバターを塗ると、パンの内側までしみ込む。

ハーフジャムトースト

材料（1人分）

食パン（6枚切り）…1枚
バター…15g
いちごジャム…大さじ2

作り方

❶ 食パンはオーブントースターに入れ、きつね色になるまで焼く。

❷ 熱いうちにバターを塗り、斜め半分に切る。半分にいちごジャムを塗る。

クリームトースト

材料（1人分）

食パン（4枚切り）…1枚
バター…15g
ホイップクリーム
- 生クリーム（乳脂肪分40％以上）…大さじ2
- 砂糖…小さじ½

ガムシロップ（個包装タイプ）…1個（約小さじ2）

作り方

❶ 食パンは、耳の内側に四角くナイフで切り込みを入れ、さらに十字に4等分に切り込みを入れる。

❷ ボウルに生クリームと砂糖を入れ、泡立て器でしっかりと泡立て、ホイップクリームを作る。

❸ 食パンはオーブントースターに入れ、きつね色になるまで焼く。

❹ 熱いうちにガムシロップとバターを塗り、ホイップクリームをのせる。
※トーストの切り込みにガムシロップをしみ込ませるように塗るのがコツ。

シュガートースト

材料（1人分）

食パン（6枚切り）…1枚
バター…20g
砂糖…大さじ1
シナモンパウダー…適量

作り方

❶ 食パンにバターを塗り、砂糖を全体にふる。
※砂糖は好みで上白糖、グラニュー糖どちらでもOK。

❷ オーブントースターに入れ、きつね色になるまで焼く。好みでシナモンパウダーをふる。

ピザトースト

厚切り食パンに順に
具材をのせるだけ。
熱々のチーズがとろ〜りの
焼きたては最高！

材料（1人分）

食パン（4枚切り）…1枚
トマトケチャップ…大さじ1½
玉ねぎ…⅛個
ハム…1枚
ピーマン…¼個
マッシュルーム（水煮）…⅓袋（15g）
ピザ用チーズ…60g

作り方

【食パンと具材を切る】

❶ 食パンは4等分に切る。

❷ 玉ねぎは横薄切りにする。ピーマンはへたを切って種とワタを取り、薄い輪切りにする。ハムは半分に切って、1㎝幅に切る。

【食パンに具材をのせる】

❸ 天板にアルミホイルを敷き、食パンを元の形にくっつけてのせる。ケチャップを全面に塗り、②とマッシュルームを散らすようにのせる。上にピザ用チーズをのせる。

【焼く】

❹ オーブントースターに入れ、チーズが溶けて軽く焼き色がつくまで5分ほど焼く。

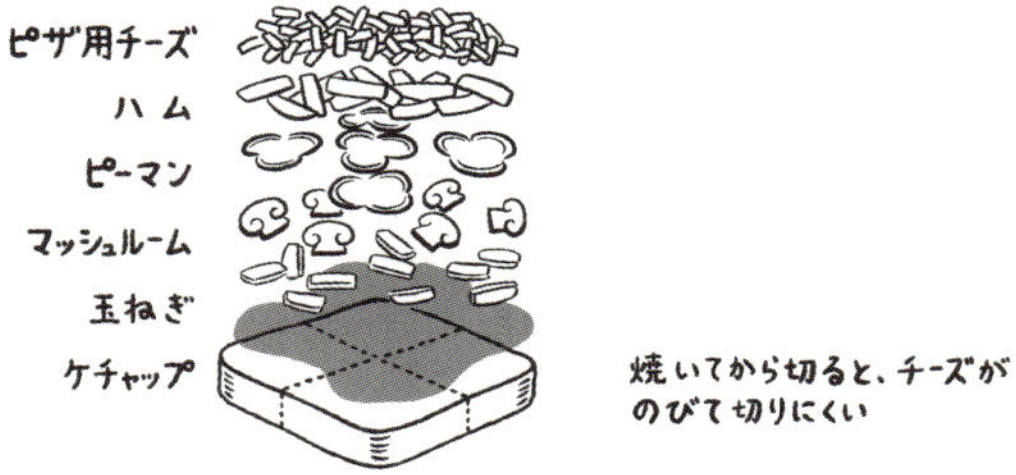

ピザ用チーズ
ハム
ピーマン
マッシュルーム
玉ねぎ
ケチャップ
焼いてから切ると、チーズがのびて切りにくい

フレンチトースト

冷蔵庫に卵と牛乳があれば、
気軽に作れるフレンチトースト。
ふんわり、しっとり、
ジューシーなやさしい甘さが魅力。

材料（1人分）

イギリス食パン（4枚切り）…1枚

卵液
- 卵…1個
- 牛乳…¼カップ
- 砂糖…小さじ2

バター…20g
メープルシロップ…適量

作り方

【卵液に食パンを浸す】

❶ バットに卵を割り入れ、しっかりほぐす。牛乳と砂糖を加え、よく混ぜる。

❷ 食パンを半分に切って、箸で数カ所穴をあけ、①の卵液に浸す。途中で返しながら、卵液がすべて食パンに吸収されるまで、15分ほどおく。

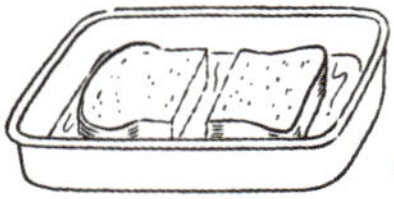

【フライパンで焼く】

❸ フライパンにバターを入れて中火で熱し、バターが溶けたら食パンを並べ入れる。

❹ 弱火にし、4分ほど焼いたら裏返して3分焼く。

❺ 器に盛り、好みでメープルシロップをかける。

タマゴサンド／ゆで卵
はみ出すほどのゆで卵で
ボリューム満点。
パンは焼きたて、
卵はゆでたてでふんわり。

タマゴサンド／卵焼き

パンに卵焼きをはさんだ関西タイプ。卵を半熟状に焼き、形を整えてサンドするだけ。

タマゴサンド／ゆで卵

材料（1人分）

食パン（サンドイッチ用・10枚切り）…2枚
卵…3個
マヨネーズ…大さじ3
塩、こしょう…各少々
辛子バター
　バター…10g
　練り辛子…小さじ¼
パセリ（あれば）…適量

下準備

❖ 卵とバターは室温にもどす。

作り方

【ゆで卵を作る】

❶ 鍋に湯を沸かして卵をそっと入れ、12分ゆでて、かたゆで卵を作る。手早く冷水に取って冷やす。

【辛子バターを塗る】

❷ バターと辛子を混ぜ合わせ、食パン2枚の片面に等分に塗る。
※パンは当日焼き上がったやわらかいものがベスト。

【卵サラダを作る】

❸ ゆで卵の殻をむき、さっと水で流して水気をしっかり拭く。まな板にのせ、手でぎゅっと押しつぶしてから包丁で粗く刻む。ボウルに入れ、マヨネーズ、塩、こしょうを加えてさっと混ぜる。

【サンドする】

❹ 食パンの辛子バターを塗った面に卵サラダをのせ、もう1枚の食パンを辛子バターを塗った面を下にして重ねる。ラップで包んで少し落ち着かせたら耳を落とし、対角線に4等分に切る。器に盛ってパセリを添える。

タマゴサンド／卵焼き

材料（1人分）

食パン（サンドイッチ用・10枚切り）…2枚
卵…3個
牛乳…大さじ1
塩…ひとつまみ
こしょう…少々
バター…10g
辛子マヨネーズ
　マヨネーズ…大さじ2
　練り辛子…小さじ½
パセリ（あれば）…適量

作り方

【卵焼きを作る】

❶ボウルに卵を割り入れ、牛乳、塩、こしょうを加え、よく混ぜる。

❷フライパンにバターを入れて中火で熱し、①の卵液を加える。縁が固まってきたら、ゴムべらで大きく2～3回混ぜ、半熟状のうちに食パンにのるくらいのサイズにまとめる。裏返してさっと焼く。

【辛子マヨネーズを塗る】

❸マヨネーズと辛子を混ぜ合わせ、食パン2枚の片面に等分に塗る。
※パンは当日焼き上がったやわらかいものがベスト。

【サンドする】

❹食パンの辛子マヨネーズを塗った面に卵焼きをのせ、もう1枚の食パンを辛子マヨネーズを塗った面を下にして重ねる。手で押さえて軽くなじませたら、耳を落として3等分に切る。器に盛ってパセリを添える。

クロックムッシュ

周りはカリッと、
中はしっとり。
ホワイトソースは
手作りしても、意外に簡単。
市販品でもOK。

材料

（1人分／ホワイトソースのみ2人分）

食パン（4枚切り）…1枚

ホワイトソース
- バター…10g
- 薄力粉…大さじ1
- 牛乳…½カップ
- 塩、こしょう…各少々
- ナツメグパウダー（あれば）…少々

ハム…2枚

スライスチーズ…1枚

ピザ用チーズ…10g

バター…10g

下準備

❖パンに塗るバターは室温にもどしておく。

作り方

【ホワイトソースを作る】

❶ 小鍋にバターを入れて弱火にかける。バターが溶けたら薄力粉をふり入れ、粉っぽさがなくなるまで木べらで混ぜながら炒める。

❷ フツフツと泡が出てその後さらりとしたら、牛乳を加えて泡立て器でダマができないように、一気に混ぜ合わせる。塩、こしょう、ナツメグパウダーを加えて、とろりとするまで混ぜながら煮詰める。

【食パンに具をのせる】

❸ 食パンは厚みを半分に切り、1枚の片面にバターを塗る。ハムは1枚はそのまま、もう1枚を4等分に切る。

❹ バターを塗った面にハム1枚をのせ、四隅に切ったハムを並べる。上にスライスチーズをのせる。

❺ もう1枚の食パンを重ね、ホワイトソースの半量を塗る。上にピザ用チーズをのせる。

※ホワイトソース1人分は約大さじ3。ホワイトソースの残りは冷蔵庫で4～5日保存できる。

【焼く】

❻ オーブントースターに入れ、チーズが溶けて軽く焼き色がつくまで5分ほど焼く。

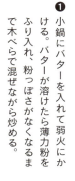

ミックスサンドイッチ

シンプルな具材を組み合わせた
スタンダードなサンドイッチ。
辛子マヨネーズがアクセント。

材料（1人分）

食パン（サンドイッチ用・10枚切り）…4枚
きゅうり…½本
ハム…2枚
トマト…½個
スライスチーズ…1枚
辛子マヨネーズ
　マヨネーズ…大さじ2
　練り辛子…小さじ½
パセリ（あれば）…適量

作り方

【具材を切る】

❶きゅうりは縦5〜6等分に切って、水気を拭く。ハムは1枚はそのまま、もう1枚は4等分に切る。

❷トマトは3等分の輪切りにし、うち2枚は半分に切る。

【食パンに辛子マヨネーズを塗る】

❸マヨネーズと辛子を混ぜ合わせ、食パン4枚の片面に等分に塗る。

【きゅうり&ハムサンドを作る】

❹辛子マヨネーズを塗った面にハム1枚をのせ、四隅に切ったハムを置く。上にきゅうりを並べる。もう1枚の食パンを辛子マヨネーズを塗った面を下にして重ねる。

【トマト&チーズサンドを作る】

❺辛子マヨネーズを塗った面にトマト1枚をのせ、四隅に切ったトマトを並べる。上にスライスチーズをのせる。もう1枚の食パンを辛子マヨネーズを塗った面を下にして重ねる。

【切り分ける】

❻ラップに包んで少し落ち着かせたら、耳を落としてそれぞれ6等分に切る。器に盛ってパセリを添える。

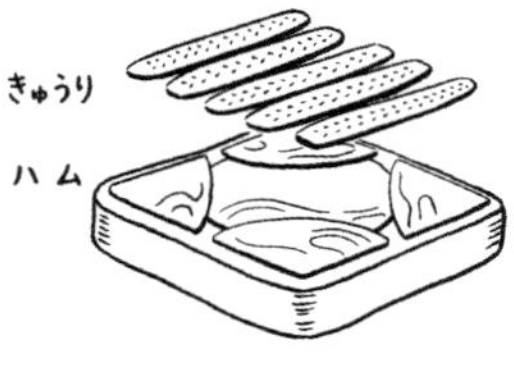

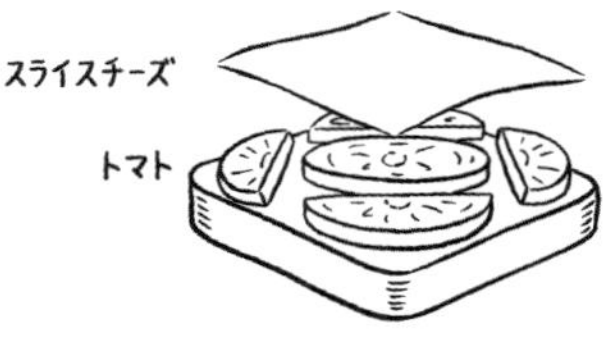

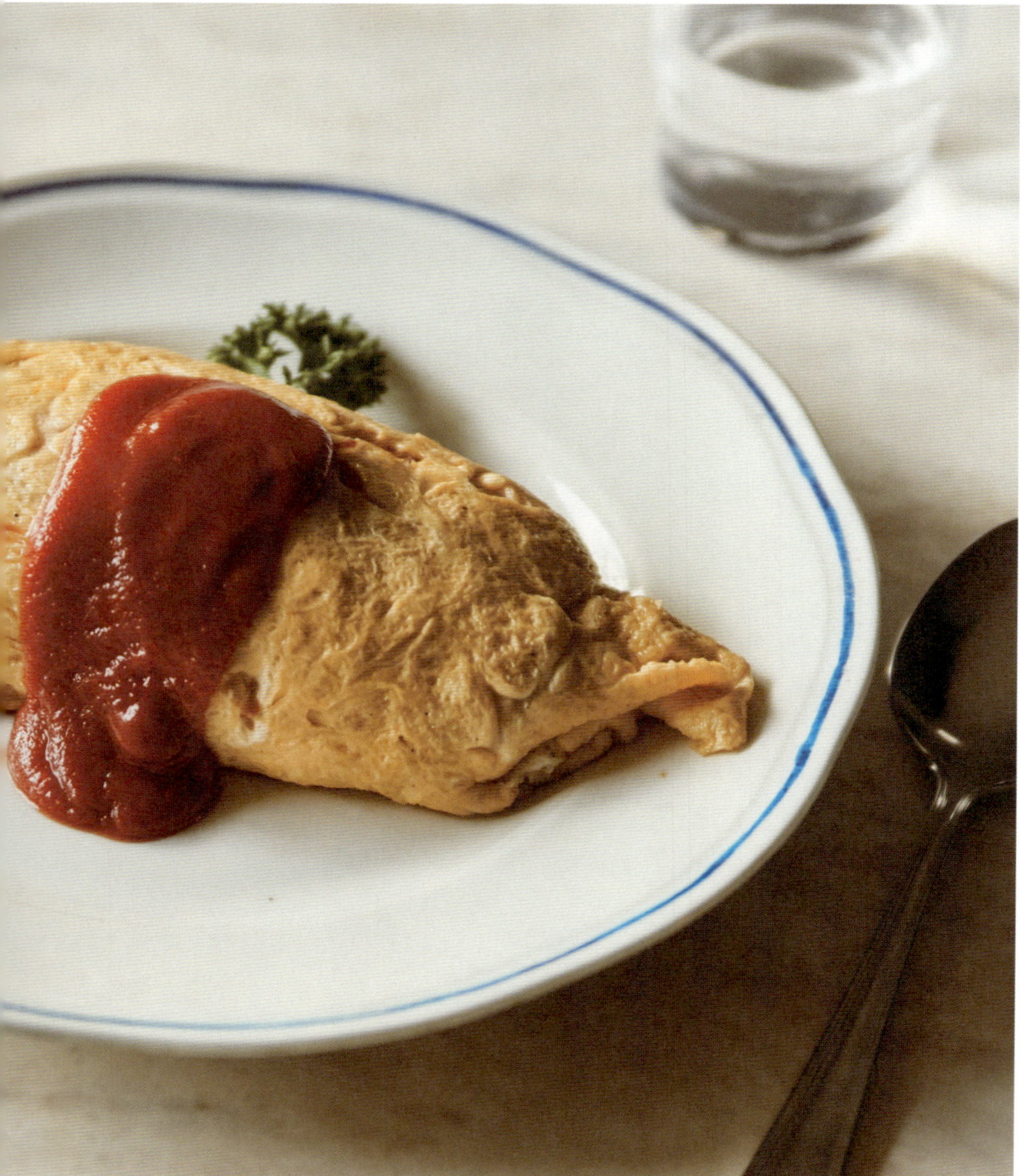

オムライス

具材はハム、玉ねぎ、グリンピースと至ってシンプル。ケチャップライスが懐かしい、日本生まれの洋食。ペーパータオルを使えば、簡単に形を整えられます。

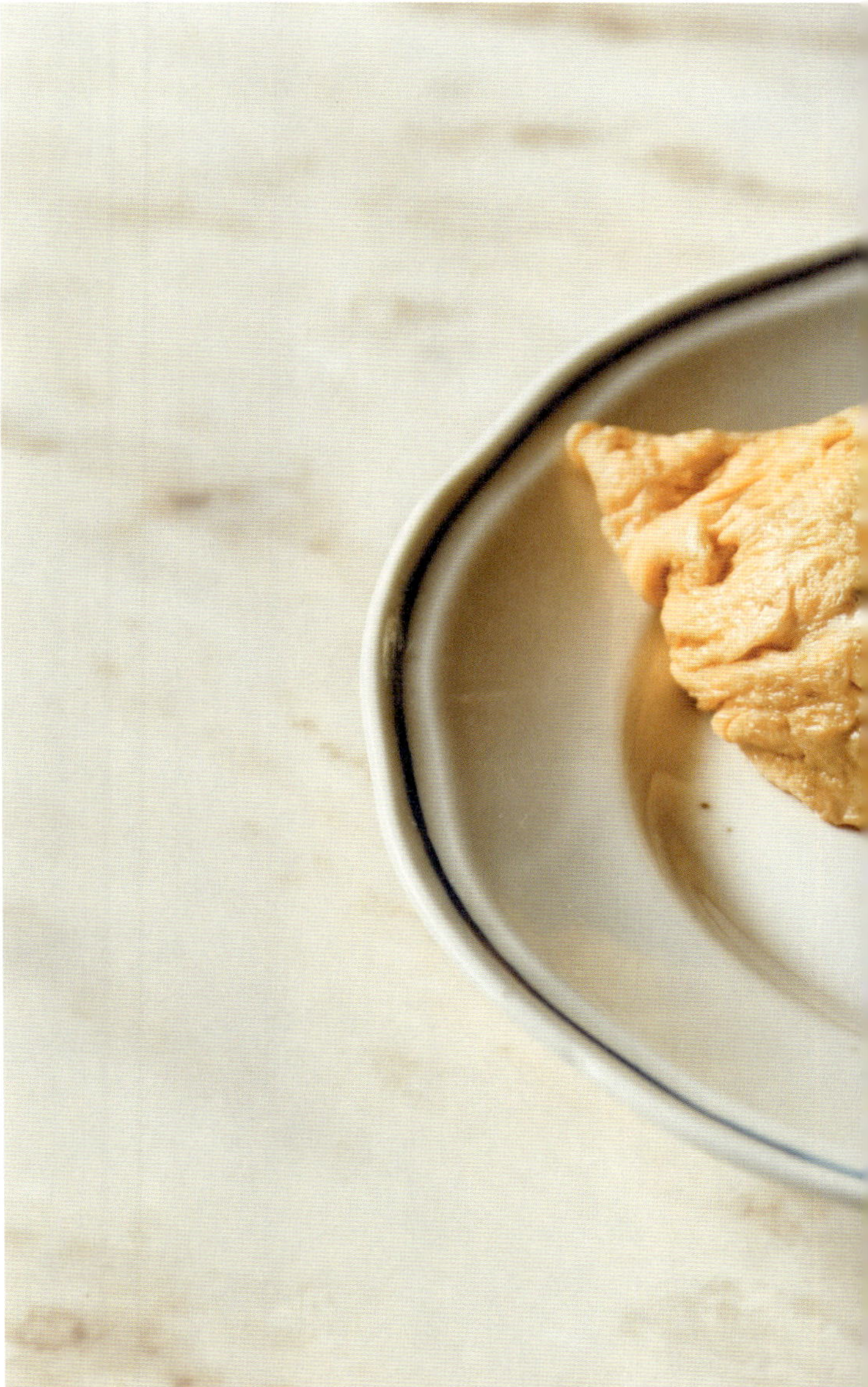

材料（1人分）

ハム…1枚
玉ねぎ…1/8個
グリンピース（水煮または冷凍）
…大さじ1
温かいご飯…200g
トマトケチャップ…大さじ2
卵…2個
牛乳…大さじ1
塩、こしょう…各少々
バター…30g
トマトソース
- トマトケチャップ…大さじ1
- トマトピューレ…小さじ1

パセリ（あれば）…適量

作り方

【ケチャップライスを作る】

❶ハム、玉ねぎは1cm角に切る。

❷フライパンにバターの半量を入れて中火で熱し、ハム、玉ねぎを加えて玉ねぎが透き通るまで1分ほど炒める。

❸グリンピース、ご飯を加えて、ご飯をほぐしながら炒める。ケチャップを加え、全体になじむまで2分ほど炒める。塩、こしょう各少々（分量外）を加えてさっと炒め合わせ、皿に移す。
※ご飯に加えるケチャップは、しっかり炒めて酸味を飛ばす。

【卵を焼く】

❹ボウルに卵を溶き、牛乳、塩、こしょうを加えてよく混ぜる。

❺③のフライパンをさっと洗い、中火にかける。残りのバターを入れ、バターが溶けたら、④を流し入れる。

❻箸で大きく2〜3回混ぜる。半熟状になり、縁が固まったらペーパータオルの上にスライドさせて取り出す。

【成形する】

❼⑥の薄焼き卵の中央にケチャップライスを楕円形にのせる。ペーパータオルの四隅を持ち上げ、ご飯をペーパータオルごと包みながら木の葉形に整える。

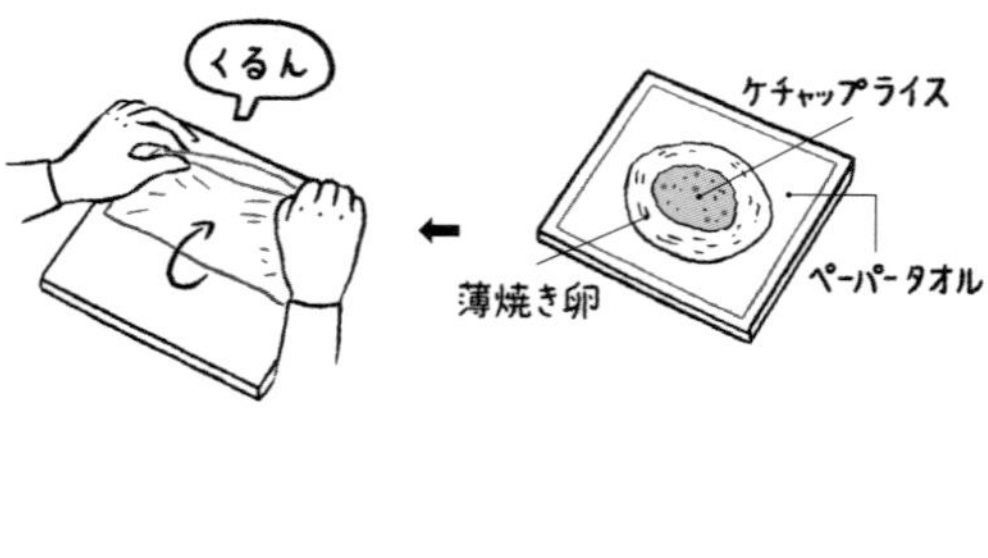

❽器に盛り、トマトソースの材料を混ぜ合わせてかけ、パセリを添える。

ビーフカレー

ほろりとした牛肉に
大ぶりなじゃがいも。
専門店にも負けない、
深いコクの絶品カレー。
すりおろしりんごで
やさしい酸味と甘みをプラス。

BINAT BERLIN

BERLIN

材料（2〜3皿分）

牛切り落とし肉…200g

A 玉ねぎのみじん切り…大さじ1
ローリエ…1枚
塩…小さじ¼
赤ワイン…大さじ2
カレー粉…小さじ1
サラダ油…大さじ1

にんにく…1かけ
しょうが…1かけ
玉ねぎ…1個
セロリ、にんじん…各¼本
りんご（皮ごとすりおろす）…¼個
サラダ油…大さじ3
カレー粉…小さじ2
カレールウ※（フレークタイプ・中辛）…大さじ4（55g）
ゆでたじゃがいも…1個（1人分につき）
温かいご飯…適量
福神漬け、らっきょう…各適量
※固形のカレールウも、この分量を目安に。

作り方

【具材の準備をする】

❶ 牛肉は、ボウルに入れて**A**を加えてもみ込み、1時間以上おく。

❷ にんにく、しょうが、玉ねぎ、セロリ、にんじんはみじん切りにする。

【牛肉を炒める】

❸ 鍋にサラダ油大さじ2を入れて中火で熱し、①の牛肉を汁気をきって加える。3〜4分焼きつけるように炒め、香ばしい焼き色がついたら取り出す。水½カップ（分量外）を鍋に入れて、焦げをこそげ取るようにして、ボウルに移す。

牛肉を炒めたあとの焦げ（うまみ）は水を加えてこそげ落とす

【野菜を炒める】

❹ 鍋をさっと拭き、サラダ油大さじ1、②のにんにく、しょうがを入れ、中火にかける。香りが立ったら玉ねぎ、セロリ、にんじんと塩ひとつまみ（分量外）を加えて、薄茶色に色づくまで10分ほど炒める。途中で鍋が焦げそうになったら、③の水を大さじ1ずつ加える。

【煮込む】

❺ ④にカレー粉を加えて1分炒め、③の牛肉と④で残った焦げをこそげた水を戻し入れ、りんご、水4カップ（分量外）を加える。煮立ったらアクを取り、少しずらしてふたをし、1時間ほど煮込む。火を止めてカレールウを加えてよく混ぜる。ルウが溶けたら、再び中火にかけ、2〜3分煮る。

❻ じゃがいもを⑤に加えて温める。器にご飯を盛り、カレーをかけ、福神漬けとらっきょうを添える。
※じゃがいもは煮くずれるので、食べるときに加えて温める。

キーマカレー

さわやかな辛みと
酸味が融合したひき肉カレー。
トッピングのゆで卵も
欠かせません。

材料（2～3皿分）

合いびき肉…250g
塩…小さじ½
粗びき黒こしょう…少々
カレー粉…大さじ1
玉ねぎ…1個
にんにく…2かけ
しょうが…2かけ
トマトの水煮（ダイスカット）
…300g
カレールウ※（フレークタイプ・中辛）
…大さじ3（40g）
サラダ油…大さじ1
ゆで卵…1個（1人分）
温かいご飯…適量

※固形のカレールウも、この分量を目安に。

作り方

【具材の準備をする】

❶ ひき肉は塩、粗びき黒こしょう、カレー粉をふって下味をつける。

❷ 玉ねぎ、にんにく、しょうがはみじん切りにする。

【玉ねぎを炒める】

❸ 鍋にサラダ油、にんにく、しょうがを入れ、中火で熱する。香りが立ったら玉ねぎ、塩ひとつまみ（分量外）を加え、薄茶色に色づくまで10分ほど炒める。途中で鍋が焦げそうになったら、水大さじ1を加えてこそげ取る。

【ひき肉を加えて煮込む】

❹ ①のひき肉を加え、肉から出た脂が透明になるまで、5分ほどしっかりと炒める。トマトの水煮と水1カップ（分量外）を加え、煮立ったらアクを取って、15分ほど煮る。

❺ 火を止めてカレールウを加え、よく混ぜる。ルウが溶けたら、再び中火にかけ、2～3分煮る。

※カレールウとともに、あればガラムマサラ小さじ½を加えると、より本格的な味わいに。

【器に盛る】

❻ 器にご飯を盛り、カレーをかけ、輪切りにしたゆで卵をのせる。

純喫茶

あまいもの

コーヒーの香りとともに食べたいのが、
あるとうれしい、あまいもの。
クリームソーダにホットケーキ、
プリン・ア・ラ・モードにフルーツパフェなど、
どれも写真に残しておきたい
美しさとおいしさが魅力です。
手作りすれば、至福の時間が訪れます。

メロン
クリームソーダ

グラスの中で
シュワシュワはじける緑色の泡。
丸く形作ったバニラアイスクリームに
真っ赤なさくらんぼがお約束。

材料（1人分）

炭酸水…½カップ
かき氷シロップ（メロン味）…大さじ1½
バニラアイスクリーム
…適量（約100㎖が目安）
さくらんぼ（缶詰）…1粒
氷…適量

下準備

❖バニラアイスクリームは丸く形作るために、少し室温においておく。

アイスクリームを
のせやすいように
氷たっぷりめに！

作り方

❶グラスの八分目くらいまで氷を入れる。
❷炭酸水、かき氷シロップの順に加え、さっと混ぜる。
❸バニラアイスクリームをスプーンで削るようにしてすくい、丸く形作る。
❹③を②にのせ、さくらんぼを飾る。

レモンスカッシュ

昔は「レスカ」の名で
親しまれていた
レモン味の炭酸水。
搾りたてのレモンの
香りがさわやか。

ミルクセーキ

「セーキ」とは
「シェイク」のこと。
甘くやさしい味わいの
とろりとしたドリンク。

材料（1人分）

レモン…½個
炭酸水…¾カップ
ガムシロップ（個包装タイプ）…適量
さくらんぼ（缶詰）…1粒
氷…適量

作り方

❶ レモンは飾り用に1枚薄切りにし、残りをグラスに搾り入れる。

❷ ①に炭酸水を注ぎ、さくらんぼ、氷を入れ、レモンスライスをのせる。好みでガムシロップを加え、甘さの調節をする。

材料（1人分）

牛乳…⅔カップ
卵黄…1個分
ガムシロップ（個包装タイプ）…1個（約小さじ2）
バニラエッセンス…少々
氷…2個程度

作り方

❶ ボウルに卵黄、牛乳を加え、泡立て器でよく混ぜる。バニラエッセンス、ガムシロップを加え、さらに混ぜる。

※甘みをガムシロップでつけると、砂糖よりも溶けやすく混ざりやすい。

❷ グラスに氷を入れ、①を注ぎ入れる。

味が薄くなると
おいしくないので
氷は少なめに！

ミックス
フルーツサンド

カラフルなフルーツと
たっぷりのクリームで、
どこを食べてもおいしい。
季節のフルーツや
缶詰でアレンジも自在。

◎写真は２人分です。

バナナとパインのフルーツサンド

甘く香るバナナに
甘酸っぱいパイナップル。
白さがまぶしい
シンプルフルーツサンド。
隠し味のマヨネーズで、
後味すっきり。

◎写真は1人分強です。

ミックス フルーツサンド

材料（1人分）

食パン（サンドイッチ用・10枚切り）…2枚
いちご…3粒（40g）
キウイ…⅓個
黄桃（缶詰・スライス）…3切れ（30g）
ホイップクリーム
　生クリーム（乳脂肪分40％以上）…½カップ
　砂糖…小さじ2

作り方

【フルーツを切る】

❶ いちごはへたを取って縦半分に切る。キウイは、皮をむいて1.5㎝厚さに切る。黄桃は汁気をふき、3等分に切る。

【ホイップクリームを作る】

❷ ボウルに生クリームと砂糖を入れ、泡立て器でしっかりと角が立つまで泡立てる。
※生クリームは形を保ちやすいように、乳脂肪分が高めのものを選ぶこと。

【サンドする】

❸ 2枚の食パンの片面にホイップクリームの⅔量を等分に塗る。

❹ クリームを塗った面に①のフルーツを並べる。
※3種のフルーツが切り口にすべて見えるように並べるのがコツ。

❺ 残りのクリームをフルーツの隙間を埋めるように塗る。もう1枚の食パンを、クリームを塗った面を下にして重ねる。

【切り分ける】

❻ ラップに包んで冷蔵庫で30分ほど冷やす。食パンの耳を落とし、対角線に4等分に切る。
※サンドイッチは包丁を熱湯にくぐらせてから切ると、きれいにカットできる。

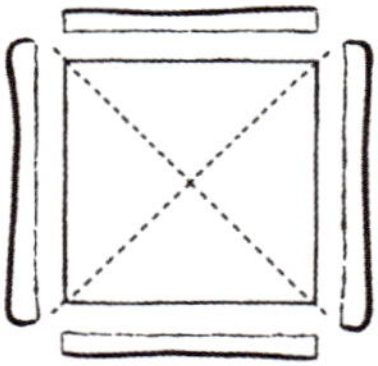

バナナとパインのフルーツサンド

材料（1人分）

食パン（サンドイッチ用・10枚切り）… 2枚
バナナ … ½本
パイナップル（缶詰・輪切り）… 1枚
マヨネーズ … 小さじ½
ホイップクリーム
　生クリーム（乳脂肪分40％以上）… ½カップ
　砂糖 … 小さじ2

作り方

【フルーツを切る】

❶ バナナは皮をむき、1.5㎝厚さに切る。パイナップルは汁気をふき、一口大に切る。

❷ ボウルに①を入れ、マヨネーズを加えてさっとあえる。

【ホイップクリームを作る】

❸ 別のボウルに生クリームと砂糖を入れ、泡立て器でしっかりと角が立つまで泡立てる。
※生クリームは形を保ちやすいように、乳脂肪分が高めのものを選ぶこと。

【サンドする】

❹ 2枚の食パンの片面にホイップクリームの⅔量を等分に塗る。

❺ クリームを塗った面に②のフルーツを少し離して並べる。

❻ 残りのクリームをフルーツの隙間を埋めるように塗る。もう1枚の食パンを、クリームを塗った面を下にして重ねる。

【切り分ける】

❼ ラップに包んで冷蔵庫で30分ほど冷やす。食パンの耳を落とし、6等分に切る。
※サンドイッチは包丁を熱湯にくぐらせてから切ると、きれいにカットできる。

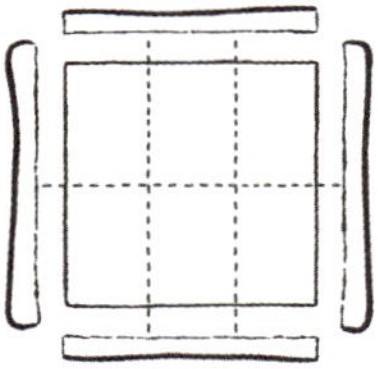

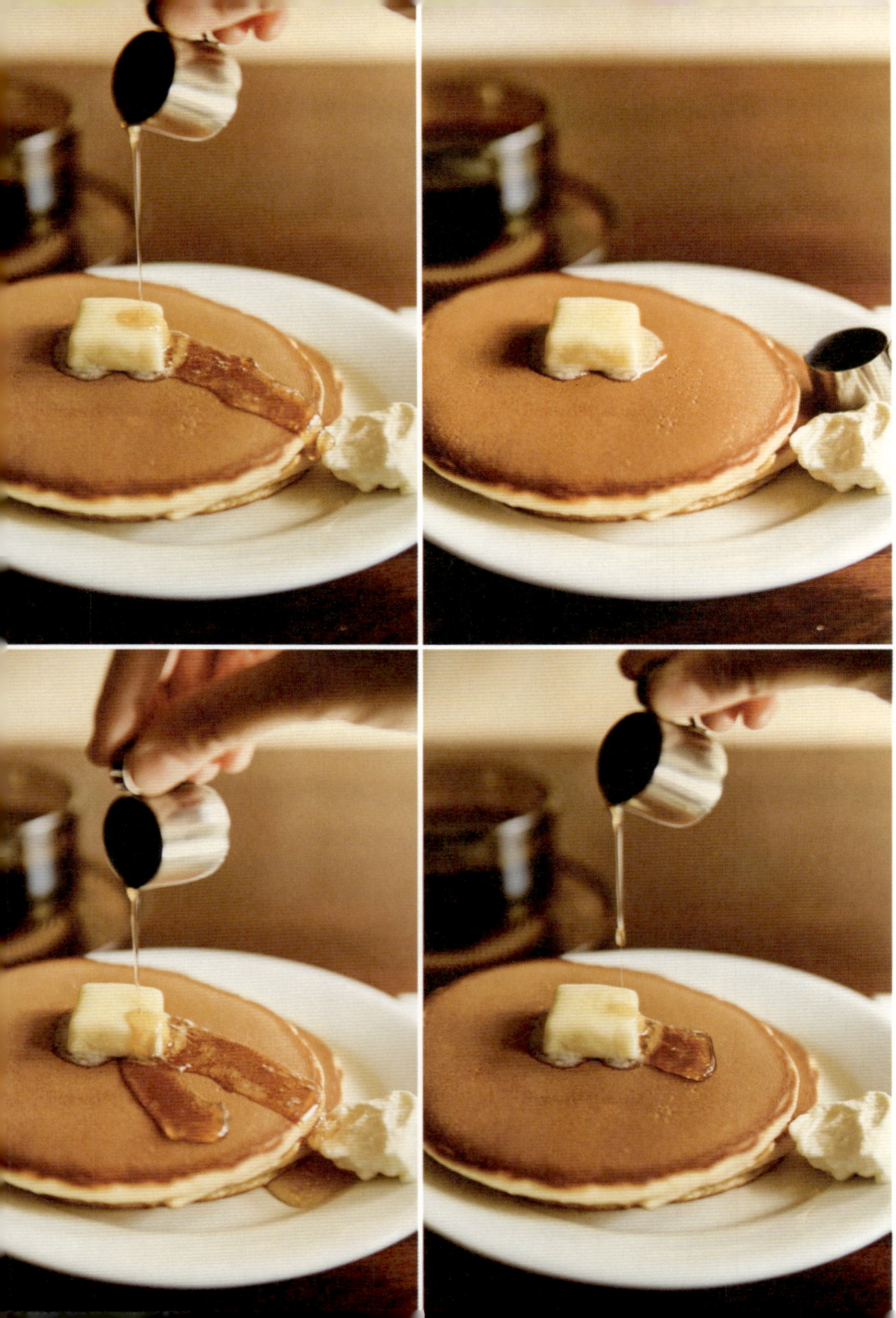

ホットケーキ

表面はサクッと、中はふんわりのほっとするおいしさ。
塩気のバターにシロップをたらり。ホイップクリームもアクセント。

材料

（2人分・直径約15cmのもの4枚分）

- **A** 薄力粉…1カップ（100g）
  - ベーキングパウダー…小さじ1
  - 砂糖…大さじ2
  - 塩…ひとつまみ
- 卵…1個
- はちみつ、サラダ油…各大さじ1
- 牛乳…½カップ
- バニラエッセンス…少々
- ホイップクリーム
  - 生クリーム…¼カップ
  - 砂糖…小さじ2
- バター、メープルシロップ…各適量

作り方

【生地を作る】

❶ **A**をすべて合わせてボウルにふるい入れる。

❷ 別のボウルに卵を割りほぐし、はちみつ、サラダ油を加えて泡立て器でよく混ぜる。牛乳、バニラエッセンスを加えてさらに混ぜる。

❸ ②に①を加え、なめらかになるまで混ぜる。

【生地を焼く】

❹ フライパンにバター少々を入れ、中火で熱する。ぬれぶきんに一度フライパンの底を当て、③の生地の¼量をお玉で丸く流し入れる。

❺ 弱火にして3分焼き、裏返して2分焼く。同様に残り3枚を焼く。

表面にプツプツと
穴があいてきたら
裏返すタイミング

【器に盛る】

❻ 皿にホットケーキ2枚を重ねて盛り、バターをのせる。ホイップクリームの材料をボウルに入れ、泡立て器で角が立つまでしっかりと泡立てて添える。好みの量のメープルシロップをかける。

コーヒーゼリー

少し固めのクラシカルなゼリー。甘さ控えめ、コーヒーのコクと香りが際立ちます。たっぷりの生クリームで召し上がれ。

材料（容量約150㎖のグラス2個分）

コーヒー豆（挽いたもの）…30g
粉ゼラチン…小さじ2（6g）
グラニュー糖…大さじ3
ホイップクリーム
　生クリーム…大さじ3
　砂糖…小さじ2

下準備

❖ 大さじ1の水（分量外）に粉ゼラチンをふり入れ、5分ほどおいてふやかす。

作り方

【コーヒーをドリップする】

❶ コーヒー豆を1と½カップの湯（分量外）でゆっくりと抽出する。
※コーヒー豆は深煎りのフレンチローストやイタリアンローストを選ぶとよい。

【コーヒー液にゼラチンを加える】

❷ コーヒーをボウルに入れる。コーヒーが熱いうちにふやかしたゼラチン、グラニュー糖を加え、ゼラチンが溶けるまで泡立たないように静かに混ぜる。

❸ 別のボウルに氷水を入れ、②のボウルの底を当てて、混ぜながらとろみがつくまで冷やす。
※ゼラチンを溶かした後、氷水で急冷するのが香りを保つためのコツ。

❹ グラスに等分に注ぎ入れ、ラップをかけて冷蔵庫で2時間以上冷やし固める。

【ホイップクリームをかける】

❺ ホイップクリームの材料をボウルに入れ、とろりとする程度に泡立てる。④の表面に等分にかける。

深煎りの豆で
ドリップしたコーヒーで
作るとよりおいしい

材料

（容量約120㎖のプリン型4個分）

カラメルソース

砂糖…大さじ4
水…大さじ2

プリン液

卵…2個
牛乳…1カップ
砂糖…大さじ4
バニラエッセンス…少々

ホイップクリーム、さくらんぼ（ともにあれば）…各適量

下準備

❖ プリン型の側面にバター（分量外）を薄く塗る。

作り方

【カラメルソースを作る】

❶ 小鍋に分量の砂糖と水大さじ1を入れ、中火にかける。鍋を揺すりながら砂糖を溶かし、焦げ茶色に色づいたら火を止める。

❷ 残りの水を加えてさっと混ぜ、熱いうちにプリン型に等分に流し入れる。粗熱が取れたら、10分ほど冷蔵庫で冷やす。

※水を加えるとカラメルがはねるので、火傷しないように注意。

【プリン液を作る】

❸ 小鍋に牛乳、砂糖を入れて中火にかけ、砂糖が溶けるまで混ぜながら温める。温める程度で沸騰させないこと。

❹ ボウルに卵を割り入れ、バニラエッセンスを加えて、泡立て器で泡立てないように静かに混ぜる。

❺ ④に③の牛乳を加え、さっと混ぜてざるでこす。②のプリン型に等分に流し入れる。

※型に流した後にできた泡は、竹ぐしを刺してつぶす。

【蒸す】

❻ 型の口径より一回り大きめのアルミホイルをかぶせて、水滴を防ぐ。

❼ 蒸気の上がった蒸し器に⑥を並べ、ふたをして強火で2分蒸す。その後弱火にし、約10分蒸す。

【盛りつける】

❽ ⑦の粗熱が取れたら冷蔵庫で3時間以上冷やす。

❾ 型とプリン生地のきわにナイフの刃先を差し入れ、くるりと1周させる。型の上に皿をのせて上下を返し、プリンを取り出す。あればホイップクリームとさくらんぼを添える。

カスタードプリン

昔ながらのしっかりしたかたさの蒸しプリン。
卵の風味と甘いバニラの香りに、ビターなカラメルがほどよくマッチ。

プリン・ア・ラ・モード

主役のプリンを
アイスクリームや
ホイップクリーム、
フルーツで引き立てる
華やかな一皿。
思わず歓声が上がります。

材料（1人分）

プリン（p.70参照）…1個
りんご（くし形切り）…⅛個分
バニラアイスクリーム…1個（150㎖）
キウイ…¼個
みかん（缶詰）…2粒
ホイップクリーム
　生クリーム…¼カップ
　砂糖…小さじ2
ミントの葉…適量
さくらんぼ（缶詰）…1粒

盛りつけ方

❶ プリン
型からはずして器の中央にのせる。

❷ バニラアイスクリーム
アイスクリームをスプーンで削るようにすくって丸く形作り、プリンの隣にのせる。

❸ りんご
うさぎ形に切り、アイスクリームの後ろにのせる。

(1)
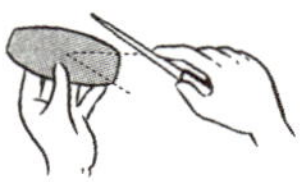
皮の表面にV字に、深さ2㎜ほどの切り込みを入れる。

(2)
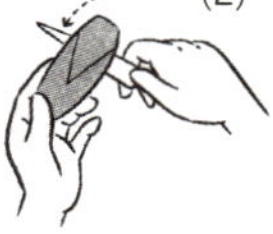
うさぎの頭を残し、皮をむく。

(3)
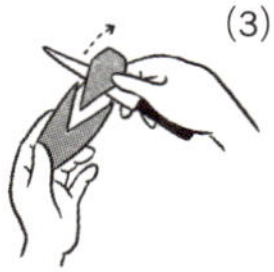
包丁がV字の頂点にきたら、切り目を入れている部分の皮が自然に取れる。

❹ キウイ
皮をむき、1㎝厚さの輪切りにする。りんごの隣にのせる。

❺ みかん
シロップをきり、キウイの隣にのせる。

❻ ホイップクリーム
ボウルに生クリームを入れ、砂糖を加えて、泡立て器で角が立つまでしっかりと泡立てる。星形の口金をつけた絞り袋に入れ、バランスをみて3カ所に絞る。

❼
さくらんぼ、ミントの葉を飾る。

いちごパフェ

グラスにいちごの花が咲き、思わず胸キュンの愛らしさ。市販のソフトクリームを上手に使って、手軽にデコレーション。

材料（1人分）

いちご…7粒
ソフトクリーム（市販品）…1個
ホイップクリーム
生クリーム（乳脂肪分40％以上）…1/4カップ
砂糖…大さじ1/2
いちごソース
いちごジャム…大さじ2
レモン汁…小さじ1/2
水…大さじ1

作り方

【いちごを切る】

❶へたを落とし、1粒取り分け、残りは縦半分に切る。

【ホイップクリームといちごソースを作る】

❷ボウルに生クリームと砂糖を入れ、ボウルの底を氷水で冷やしながら、泡立て器で角が立つまでしっかりと泡立てる。

❸いちごソースの材料を耐熱ボウルに入れる。ふんわりラップをかけて電子レンジ（600W）で約30秒加熱し、混ぜて冷ます。

【ソフトクリームを切り分ける】

❹クリームと、コーンの部分を切り分け、コーンの部分は一口大に切る。

【グラスに盛る】

❺グラスに半分に切ったいちご2切れを入れ、ホイップクリームを大さじ1ほど入れる。

❻いちごソースを大さじ1加え、切り分けたコーンをグラスの縁まで入れる。ホイップクリームをグラス全面に広がるようにスプーンで入れ、半分に切ったいちごをグラスの縁に並べる。

❼ソフトクリームを中央にのせ、残りのいちごソースをかける。トップにいちご1粒をのせる。

チョコレートパフェ

子どもの頃の憧れは
ジャンボなチョコレートパフェ。
チョコと相性のいいバナナをトッピング。
カラースプレーでカラフルに仕上げて。

材料（1人分）

バナナ…½本
みかん（缶詰）…12粒
さくらんぼ（缶詰）…1粒
ホイップクリーム
生クリーム（乳脂肪分40％以上）…½カップ
砂糖…大さじ1
チョコレートアイスクリーム
…1個（150㎖）
チョコレートソース、
カラースプレー…各適量

作り方

【バナナを切る】

❶ バナナは皮をむく。2㎝厚さの斜め切りを2枚取り分け、残りは一口大に切る。

【ホイップクリームを作る】

❷ ボウルに生クリームと砂糖を入れ、ボウルの底を氷水で冷やしながら、角が立つまで泡立て器でしっかりと泡立てる。星形の口金をつけた絞り袋に入れる。

【グラスに盛る】

❸ グラスに一口大のバナナの半量、みかん2切れを入れ、ホイップクリームを絞り入れてチョコレートソース小さじ2を加える。

❹ ③と同様の手順でもう一段重ねる。スプーンで丸く形作ったアイスクリームをグラスの縁までのせる。グラスの縁4カ所にホイップクリームを絞り、間にみかんを2切れずつはさむ。

❺ ホイップクリームを中央にこんもりと絞り入れ、チョコレートソース大さじ1をかける。さくらんぼ、斜め切りのバナナを飾り、カラースプレーを散らす。

お店の味

創業時から製法が変わらない長年の定番や、
常連客から愛される看板メニュー、
新しいアクセントが加わった個性派など、
どのお店にもそこでしか出会えない
特別なメニューがあります。
そんなお店の名物メニュー10品を
特別に教えていただきました。

- 珈琲 琵琶湖 ……………… ナポリタン
- カフェ アルル……………… インドオムラ
- ヘッケルン ………… ジャンボプリン
- 珈琲 ショパン……………… アンプレス
- ローヤル ……… チョコレートパフェ
- ミモザ ………… ビッグホットケーキ
- 珈琲専門店 エース…… 元祖のりトースト
- コーヒープラザ 壹番館 …… クリームソーダ
- ワンモア ………… フレンチトースト
- プチモンド ………… フルーツサンド

ナポリタン

ひき肉、玉ねぎ、ピーマン、マッシュルームの定番具材に細いスパゲッティ。あっさり甘めの絶品メニュー

混雑している時でも、厨房で手際よく作られるメニューたちが次々と運ばれて、その様子はまるで魔法のようです。隣のテーブルから漂うおいしそうな香りで待っている時間も思わず笑顔に。近くにある病院の行き帰りにこちらへ寄るのを楽しみにしている方が多いため、ほかではあまり見かけない豆腐や納豆などを使用した健康を気遣う品が並んでいるのも特徴です。

　その中でも特に人気なのは、お店の斜め前にある精肉店「肉のオノ」から仕入れた新鮮なひき肉を特級のケチャップで力強く炒める絶品ナポリタン。食欲を刺激する匂い、中華鍋の鳴る音、ダイナミックな盛りつけ、フォークを持つ手が止まらなくなるほどの味わい、食べ終わった後の満足感。一皿にたくさんの幸せが載っています。

珈琲 琵琶湖

住所：東京都大田区蒲田2-4-7
電話番号：03-3739-4986
営業時間：8:30～17:30頃
定休日：水曜
アクセス：京急電鉄梅屋敷駅から徒歩5分

ナポリタン

材料（1人分）

スパゲッティ（ゆでてあるもの）
…約180g
※お店では「バリラ」の1.7㎜のものを使用。
豚ひき肉（できればひきたて）…30g
A 玉ねぎ（くし形切り）…¼個
ピーマン（輪切り）…6〜8切れ
マッシュルーム（薄切り）
…4〜6切れ
バター（有塩）…15g
塩、こしょう…各適量
トマトケチャップ…お玉1杯分

作り方

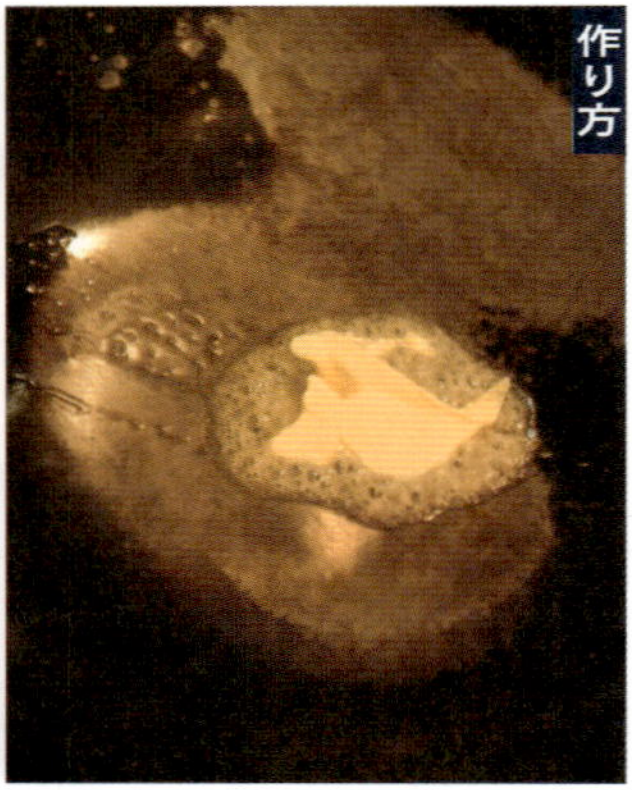

❶ 中華鍋にバターを入れ、強火で熱する。

❷ ①にひき肉を加えて菜箸でよく混ぜて火を通す。

❸ ②に**A**を加え、塩、こしょうをふる。

❹ ③にスパゲッティを加える。

❺ ④にケチャップを加える。

❻ かなりの強火のまま水けをとばすように炒める。器に盛ってでき上がり。

※お店ではかなりの強火で調理しています。

インドオムラ

地元の常連さんに愛される隠れ人気メニュー
カレーライスとオムライスの夢のフュージョン

次郎長と石松。古風な名前の持ち主は、こちらの正社員としてのんびりと働く2匹の猫たち。好きな時に歩き回ったり、疲れたらお客さんの膝の上で眠ったり、自由気ままなその様子が訪れる人たちの心をつかみます。マスターの趣向で、店内にはピエロや猫をモチーフにしたアンティークの雑貨が所せましと飾られ、まるで宝箱の中にいるようです。店内の本棚には写真集や漫画もたくさん並び、一人で来ても退屈することがありません。

「はい、ニャポリタン」と笑顔で運ばれてくるナポリタンもよいですが、こちらの隠れ人気メニューは「インドオムラ」。注文を受けてから焼かれるクラシックな薄焼き卵のオムライスにスパイシーなカレーをかけたボリュームたっぷりで手の込んだ一皿です。

カフェ アルル（CAFÉ ARLES）

住所：東京都新宿区新宿5-10-8
電話番号：03-3356-0003
営業時間：11:30〜22:00（月〜土曜）
定休日：日曜・年末年始
アクセス：東京メトロ各線、都営新宿線新宿三丁目駅から徒歩5分

インドオムラ

材料（1人分）

ご飯…1膳分
※炊きたてでないほうがベター。
卵…1個
A 玉ねぎ（薄切り）…6～8切れ
ピーマン（短冊切り）…2～3切れ
マッシュルーム（薄切り）
…2～3切れ
ミックスベジタブル
…大さじ1程度
B カレーペースト（市販）
…大さじ2～3
コンソメスープ…大さじ2～3
好みのカレー…適量
好みの生野菜…適宜
サラダ油…適量

作り方

❶ フライパンにサラダ油を中火で熱し、**A**を炒める。全体に油が回ったら**B**を加えてよく炒める。

❷ ①にご飯を加えて炒め合わせて、いったん器に移す。

❸ ②のフライパンにサラダ油少量を加えて薄くのばし、割りほぐした卵を入れて薄焼き卵を作る。

❹ ③の薄焼き卵の中央に②をのせて、全体を包む。

❺ フライパンの縁とへらを使うと、包みやすい。

❻ 器に⑤を盛り、上から好みのカレーをかける。好みで生野菜を添える。

ジャンボプリン

ねっとり苦めのカラメルがくせになる
すべてが一から手作りのこだわりのプリン

オフィス街・虎ノ門の閑静な通りにある「ヘッケルン」。一般的なお店で提供されるものの2.5倍はある「ジャンボプリン」を求めて、遠方からもたくさんの人たちが訪れますが、いつの頃からか、楽しいおしゃべりとまぶしい笑顔を持つ濃厚なキャラクターのマスターに会いたくてお店に足を運ぶ人たちも増えました。

「男性でも注文しやすいプリンにしたかった」というジャンボプリンは、生クリームやさくらんぼなどのトッピングがなく、1時間かけて煮詰められるこだわりのカラメルと、上質な材料を使用していることがわかる卵の味をかみしめるためのシンプルなプリン。まるで赤ちゃんの肌のようにつやつやと輝き、何個でも食べられてしまいそうなおいしさです。

ヘッケルン

住所：東京都港区西新橋1-20-11

電話番号：03-3580-5661

営業時間：8:00～19:00(月～金曜)、
8:00～17:00(土曜)

定休日：日曜・祝日・第２土曜

アクセス：JR新橋駅から徒歩10分、
東京メトロ虎ノ門駅から徒歩５分

ジャンボプリン

材料（直径9×高さ5.5cmのプリン型11個分）

プリン液
牛乳…1200ml
卵…9個
グラニュー糖…80g
バニラエッセンス…2〜3滴

カラメルソース
砂糖…2kg
熱湯…200ml

下準備

❖**カラメルソース液を作る**

鍋に砂糖を入れ、約3cmの高さまで水を注ぐ。強火にかけて砂糖が透明の液体になったら、中火にし、泡が

作り方

❶カラメルソースの粗熱がとれたら（40℃ほど）、型に等分に注ぐ。

❷プリン液を作る。ボウルにグラニュー糖、バニラエッセンスを入れる。卵を割り入れ、泡立て器で手早く混ぜる。

❸鍋で人肌より少し熱いくらいまで牛乳を熱する。②をたえず混ぜながら、熱した牛乳を加えて、さらに混ぜる。

ぷくぷくと立つまでさらに5分ほど煮る。透明の泡が白色の泡になるまで約45分火にかける。全体が茶色に色づいてとろみがついてきたら（ここまで約1時間）、約3秒間強火にし、火を止める。熱湯を少しずつ注ぎ、泡が落ち着いてきたらさらに注ぐ。これを繰り返し、泡がすべて消えたら完成。

❹ ③を裏ごしして①のプリン型に等分に注ぎ、一つずつぴっちりとラップをかけてふたをする。

❺ 蒸し器の下段に熱湯を注ぎ、上段に④をのせる。ふたをして最初の2分は強火にかけ、弱めの中火にして10分、さらに弱火にして8分蒸す。プリンの中心につまようじを刺し、すっときれいに抜ければでき上がり。冷蔵庫で3～4時間冷やす。

❻ プリン型の上に盛りつける器をのせて上下を返し、1周くるりと回してから、型からプリンをはずす。

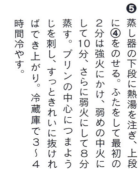

アンプレス

高級焼き菓子のようなサクサク感
バターの風味とあんの甘さが口の中に広がります

昭和8年創業、現在は3代目の女性と従業員の男性で営む「ショパン」。人気メニューの「アンプレス」は午前中で売り切れてしまうこともあるほど。近隣で働く常連客だった女性の「メニューにないものが食べたい」という一言がきっかけで誕生したそう。

パンの間にあんを挟んでプレス機で焼いたものですが、とびきりおいしいのは手で持つとじわりとにじみ出るほど何度も何度もぜいたくにたっぷり塗られたバターと熟練した技が光る焼き加減。まるで高級な焼き菓子を食べているようで自宅ではなかなか出せない味わいです。少し酸味の強い珈琲とあんの甘味は相性がよく、程よい明るさの店内で美しいステンドグラスを眺めながら一口一口頬張るごとにしばし現実の時間を忘れてうっとりしてしまうのです。

珈琲 ショパン

住所：東京都千代田区神田須田町1-19-9

電話番号：03-3251-8033

営業時間：8:00～21:00（月～金曜）、11:00～21:00（土曜）

定休日：日曜・祝日

アクセス：東京メトロ丸ノ内線淡路町駅から徒歩2分

アンプレス

材料（1人分）

食パン…2枚

※お店では小ぶりで耳が薄い角食を使用。

粒あん…適量

バター（有塩）…適量

作り方

❶ 食パンを2㎝ほどの厚さに切る。

❷ 1枚の食パンに粒あんをたっぷりのせて、端まで広げる。

❸ ホットサンドメーカーに②をのせて2枚の食パンの表面にバターをたっぷりと塗る。やや強めの中火で焼き始める。

❹ 両面に均一な焼き色をつけるため、ホットサンドメーカーを何度か裏返しながら焼く。

❺ 追加でバターを塗る。しばらくおいてさらに塗る。
※全部でバターを3回塗る。

バターナイフで食パンを軽く押し、じゅわっとバターが出てきたら全体にバターがしみ込んでいる証拠。

❻ 食パンの耳を手で押さえて、四等分に切る。

チョコレートパフェ

有楽町にあるサラリーマンの憩いの場で、遊び心あふれるパフェに癒される

50年以上の歴史を持つ交通会館の地下にあって昭和の空気を色濃く残す「ローヤル」。かつてはパスポートの発行を待つ人たちを、現在では近隣で働く人たちを癒やし続けています。１００席ほどある広い店内は開店当時からほとんど変わっていないそうで、フランク・ロイド・ライトをイメージさせる大きなステンドグラスが輝き、座り心地のよい真紅の椅子たちでそろえられています。白いシャツに黒いパンツのクラシックスタイルに身を包んだ店員さんたちはきびきびとしていて、その適切な距離感も居心地のよさの秘訣です。

　季節によって変わる果物と俵形になったバニラアイスクリーム、生クリームと鮮やかなシロップが入ったパフェの上には３本のチョコレート菓子が飾られていて、こんな遊び心がふと童心を呼び起こすのです。

ローヤル

住所：東京都千代田区有楽町2-10-1 東京交通会館B1

電話番号：03-3214-9043

営業時間：8:00～19:30（月～金曜）、11:00～18:30（土曜・日曜・祝日）

定休日：なし

アクセス：JR有楽町駅から徒歩１分、東京メトロ各線有楽町駅直結

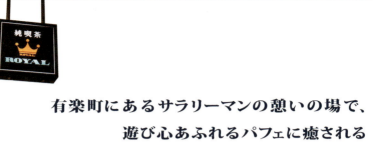

チョコレートパフェ

材料（1人分）

チョコレートシロップ…適量
バニラアイスクリーム…適量
チョコレート菓子…3本
ホイップクリーム…適量

作り方

❶ グラスの内側に、チョコレートシロップを2〜3周ぐるっと絞る。

❷ ディッシャーなどでアイスクリームをすくい、手で俵形に握ってグラスに入れる。上からぎゅっと押してグラス全体にアイスクリームがいきわたるようにする。その上にさらにディッシャーですくったアイスクリームをのせる。

❸ アイスクリームの上に、ホイップクリームを絞る。5カ所程度にたっぷりと絞るのがポイント。その上にチョコレートシロップをたらす。

特別にメロンパフェの作り方もご紹介。

ローヤルはフルーツパフェも絶品！

フルーツパフェ

材料（1人分）

メロン（くし形切り）…3切れ

※季節によってフルーツは変更。

メロンシロップ（かき氷用）…適量

バニラアイスクリーム…適量

ホイップクリーム…適量

❶ メロンはごく薄いくし形切りにし、皮と果肉の間に包丁を入れる。

❷ グラスにメロンシロップを注ぐ。チョコレートパフェの作り方と同様、アイスクリームを入れてホイップクリームを絞り、まわりにメロンをさすように添える。

❹ ③にチョコレート菓子をさす。

ビッグホットケーキ

その迫力に思わず笑みがこぼれる
ほっとけないホットケーキ

春を思い起こさせる黄色い花と同じ色合いの店内。そこで働く女性たちもまるで花言葉をなぞるかのように「優雅」です。浅草で20年、姉妹が始めた「ミモザ」はいつの頃からか、まるで幼い頃に読んだ絵本の中に出てきたようなホットケーキを求める人たちで賑わうようになりました。

生地は作り置きせず、銅板を使用して植物油でじっくり焼くため、厚みがありますが、さっぱりとした味わい。また、食塩不使用のバターと生クリーム、メープルシロップが添えられますが、生地自体には甘みがないため、5枚重ねという見た目のボリュームに反して一人でもぺろりと食べられてしまいます。注文した誰もが子どものような無邪気なほほ笑みを浮かべてしまう、このロマンチックな食べ物は大人になってもいとおしいのです。

ミモザ

住所：東京都台東区浅草4-38-6
電話番号：03-3874-2933
営業時間：8:00～17:00（L.O.16:30）
定休日：月曜（月曜が祝日の場合は翌日）、年末年始
アクセス：つくばエクスプレス浅草駅から徒歩12分、東武、都営、東京メトロ銀座線浅草駅から徒歩13分

ビッグホットケーキ

材料（3人分・15枚分）

ホットケーキミックス
（市販のもの）… 2kg
※お店ではオリジナルのものを使用。
卵 … 7個
牛乳 … 250㎖
植物油 … 適量
バター（食塩不使用）… 約15g
ホイップクリーム、
メープルシロップ … 各適量

作り方

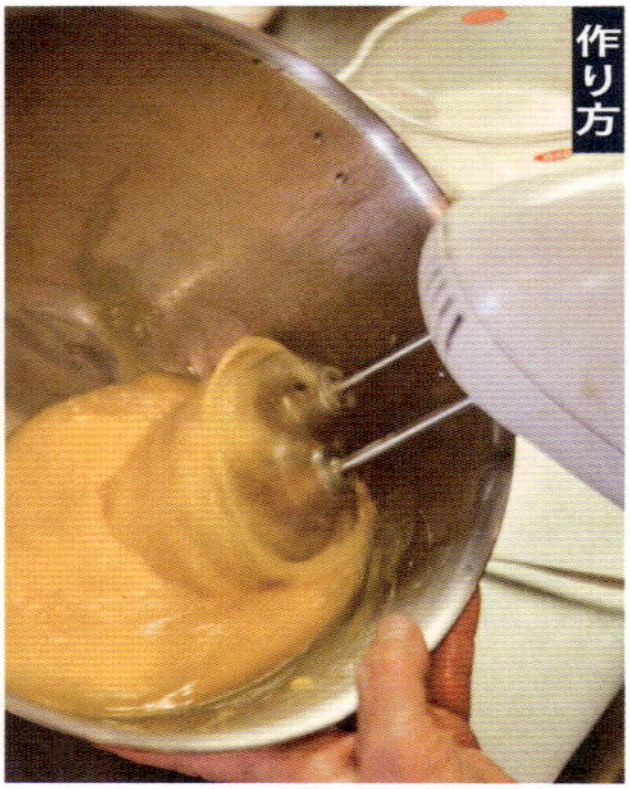

❶ ボウルに卵を割り入れ、ハンドミキサーなどでしっかりとかき混ぜる。

❷ 牛乳、ホットケーキミックスを順に加えて泡立て器でなめらかになるまで混ぜる。

❸ 銅板（家で作る場合はフライパン）を熱し、タオルやペーパータオルに植物油を含ませ、薄く塗る。②の生地を順に小さくなるように5枚分流し入れる。

❹ 表面にぽつぽつと穴があいてきて、焼き色がついたら裏返す。

❺ 転がすように側面も焼きつけて、焼きムラを防ぐ。

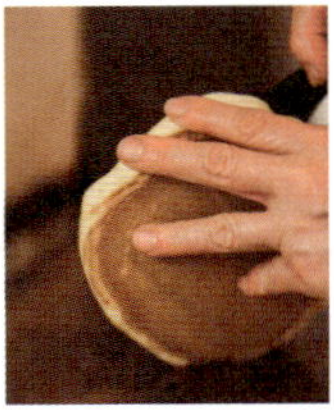

❻ 大きいものから順に重ねて器に盛る。上にバターをのせてホイップクリームとメープルシロップを添える。

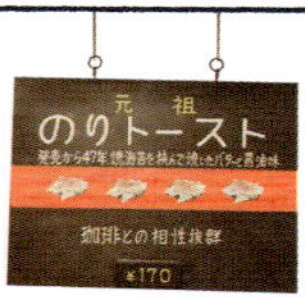

元祖のりトースト

昭和40年代から続く味とレシピ のり弁当から生まれたお店の名物メニュー

神田駅西口から徒歩数分、オレンジ色と白色のポップな店内で、いつもにこにこ笑顔のお兄さん、寡黙できれい好きの弟さんのお二人が迎えてくれる「エース」。開店当時から今に至るまで人気メニューの元祖のりトーストは、幼い頃お母さまが作ってくれたのり弁当にヒントを得て生まれたメニュー。

8枚切りの食パンは、焼く前に霧吹きでぬらしてからしょうゆをかけてトースターで焼きます。そうすることによって表面はカリッと、中はふんわりするのです。自宅にあるような身近な材料で作られているにもかかわらず、新しくてどこか懐かしい味のとりこになる人たちは後を絶たず。40種類ほどもある豊富な珈琲に合わせて毎日でも食べたくなってしまうのです。

珈琲専門店 エース

住所：東京都千代田区内神田3-10-6

電話番号：03-3256-3941

営業時間：7:00～18:00（月～金曜）
7:00～14:00（土曜）

定休日：日曜

アクセス：JR神田駅から徒歩3分、
東京メトロ丸ノ内線淡路町駅から徒歩6分

材料（1人分）

食パン（8枚切り）…4枚
しょうゆ…適量
のり（全形を1/4に切ったもの）…2枚
バター（有塩）…適量

下準備

❖まな板の上に食パンを並べ、全体に霧吹きで水を吹きかける。

作り方

❶写真のようにS字にしょうゆをかける。そのうち2枚にのりをのせ、残りの2枚の食パンを重ねる（サンドを2組作る）。

❷何度か裏返しながら、両面に焼き色がつくまで焼く。

❸2組のサンドの片面にバターを塗る。塗った面を写真のように重ねる（食パン4枚を重ねる）。包丁で耳を切り落とし、斜め半分に切る。

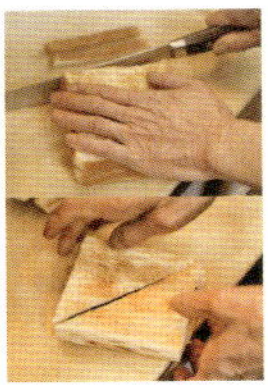

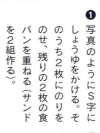

クリームソーダ

ソーダ水の上に咲いた一輪のバラ
やさしさも備えたビューティフルドリンク

テーブルに運ばれてきた瞬間、思わず写真を撮るのも忘れてただただ見ほれてしまう美しいクリームソーダを食べられるのは、高島屋内にある「壹番館」。デパートの中ということを忘れてしまうほど広くてゆったりした空間は、買い物に来た人たちがくつろげるよう落ち着いた色合いの内装で清潔に保たれています。

「喫茶店は夢を売る仕事」と笑うダンディなマスターたちの手から生まれるアイスクリームの白いバラの花が、青色と緑色から選べるロマンチックなソーダ水の上に浮かべられた様子はまるで芸術品のようで、見て楽しく、食べてうれしい逸品。ただ美しさを追求したのではなく、小さな子供がアイスクリームをこぼさないように食べやすい形を研究した結果ということですから頭が下がります。

コーヒープラザ 壹番館

住所：千葉県柏市末広町3-16　柏タカシマヤ 中3F
電話番号：047-143-2945
営業時間：10:00～17:00
定休日：無休（柏タカシマヤに準ずる）
アクセス：JR各線柏駅より直結

材料（1人分）

炭酸水…適量
かき氷シロップ…適量
※お店では青色か緑色を使用。
バニラアイスクリーム…適量
氷…適量

作り方

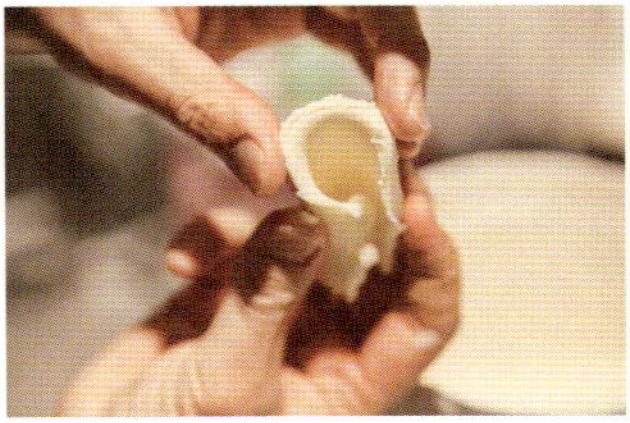

❶ グラスいっぱいに氷を入れる。シロップを注いでから炭酸水をゆっくりとグラスの七分目くらいまで注ぎ、マドラーでかき混ぜる。

❷ 大きな平たいスプーンでアイスクリームをすくって写真のように筒状にする（これが芯になる）。

❸ 同様にスプーンでアイスクリームをすくい、②の芯のまわりに花びらに見立てて重ねる。5枚ほど重ねたらグラスに盛りつける。

フレンチトースト

銅板でカリッと焼いた名物フレンチトースト
スライスしたレモンが爽やかな風味を添える

メディアにもしばしば登場する住宅街の人気店「ワンモア」は親子で営んでいます。訪れた人たちの多くが注文する品々は、厨房に向かって「マル1、カク2」と記号のような呼び名で伝えられます。マルはホットケーキ、カクはフレンチトーストと見た目にちなんでつけられたもの。

注文を受けてから、耳を半分だけ切った食パンに卵液を存分にしみ込ませて、長年の経験による最適な火加減で焼かれ、薄切りのレモンで飾られた見た目も麗しいフレンチトースト。レモン汁を追加して、さらにシロップをかけて。思わず「幸せ!」の一言がこぼれます。マスター自慢の味わい深い自家焙煎珈琲やもう一つの人気メニューであるホットケーキ、まるで夏の海みたいな色をした青いクリームソーダと一緒にどうぞ。

ワンモア

住所：東京都江戸川区平井5-22-11

電話番号：03-3617-0160

営業時間：9:30～16:30（L.O.16:00）
※土曜は材料がなくなり次第閉店

定休日：日・月曜

アクセス：JR平井駅から徒歩３分

材料（1人分）

- 食パン（8枚切り）…2枚
- カスター液（作りやすい分量）
  - 卵…8個
  - 牛乳…290㎖
  - グラニュー糖…80g
- バター…適量
- レモン（薄切り）…1枚
- レモンのしぼり汁…適量
- メープルシロップ…適宜

下準備

❖カスター液を作る。ボウルに卵を割り入れ、グラニュー糖を加えて泡立て器で混ぜる。牛乳を加えてさらによく混ぜる。

冷蔵庫で約2日間保存可能。

作り方

❶鍋にカスター液適量と食パンを入れる。食パンを何度か裏返してよくしみ込ませる。

❷銅板を弱火で熱し、①を並べて焼く。カスター液が残っていたら上からかける。

❸おいしそうな焼き色がついたら裏返して、バターをたっぷりと塗る。器に盛り、レモンをのせる。レモンのしぼり汁をかけ、好みでメープルシロップをかける。

フルーツサンド

青果店から届けられる宝石のような果物たち
旬のおいしさが楽しめるフルーツサンド

毎日早朝から市場へ出かけて仕入れた果物たちを、まるでわが子のようにいとおしそうな目で見つめるマスターがいる「プチモンド」には、その季節の一番おいしい果物たちがそろえられています。「自宅では何種類もの果物を食べるのは大変だから」という思いから青果店の中にフルーツパーラーを併設したそう。

フレッシュジュースやゼリー、プリン・ア・ラ・モード。迷ってしまったなら一度にいろいろな味を楽しめるぜいたくなフルーツサンドを。食感を楽しめるよう細かく切られた宝石のような果物たちはこぼれにくく食べやすいのです。ゆるく泡立てられた生クリームとの相性もばっちりで、パンを持つ指先から伝わってくるそのやわらかさと甘さに誰しもが頬をゆるめるのです。

プチモンド

住所：東京都北区赤羽台3-1-18
電話番号：03-3907-0750
営業時間：10:00～
※商品がなくなり次第閉店
定休日：木・金曜
アクセス：JR赤羽駅から徒歩5分、
東京メトロ南北線赤羽岩淵駅から徒歩6分

材料（1人分）

食パン（6枚切りをさらに厚さ半分にしたもの）… 4枚
バナナ・いちご・パイナップル・デコポン・メロンなど季節のフルーツを6種類ほど … 各適量
ホイップクリーム … 適量
※生クリームから作る場合、砂糖の量は控えめにして泡立て器で七分立てにする。
チャービル … 適宜 ※ミントでも可。

下準備

❖ バナナ、いちごは薄切りにし、ほかのフルーツは5～8㎜角に切る。

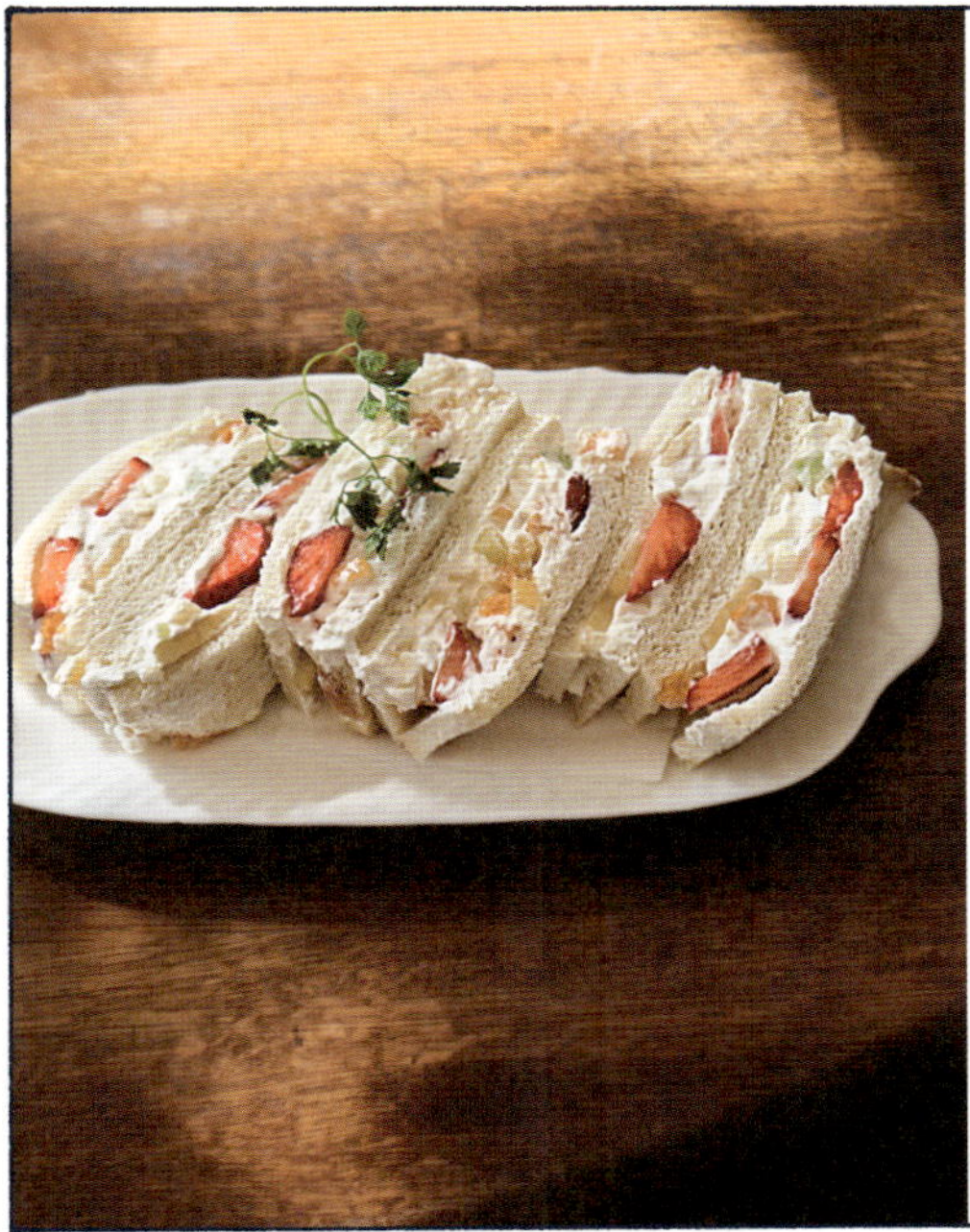

作り方

❶ 食パン2枚にバナナをのせる（先にバナナをのせることで、フルーツの水分がパンにしみ込みにくくなる）。

❷ 食パンの上にホイップクリームを絞り、角切りにしたフルーツをのせる。

❸ さらにホイップクリームを絞り、いちごをのせ、残りのパン2枚でそれぞれサンドする。縦3等分に切り、器に盛る。好みでチャービルを添える。

著者

高山かづえ (たかやま・かづえ)

料理研究家、ワインソムリエ。書籍、雑誌、広告を中心に活躍。誰でも簡単に、おいしくそして華やかに作れるレシピが人気。著書に『作りおきスープの素』(文藝春秋)、『フライパンで焼ける！7つのちぎりパン』(オレンジページ)、『保存のできる合わせだれで そこそこきちんと、まいにち作れるおいしい献立』(マイナビ出版)ほか。

監修

難波里奈 (なんば・りな)

東京喫茶店研究所二代目所長。日中は会社員、仕事帰りや休日にひたすら純喫茶を訪ねる日々。「昭和」の影響を色濃く残したものたちに夢中になり、当時の文化遺産でもある純喫茶の空間を、日替わりの自分の部屋として楽しむようになる。著書に『純喫茶、あの味』(イースト・プレス)、『純喫茶とあまいもの』(誠文堂新光社)、『純喫茶の空間』(エクスナレッジ)ほか。

撮影　中垣美沙

スタイリング　駒井京子 (p.20〜p.77)

デザイン　髙橋朱里 (マルサンカク)

イラスト　羅久井ハナ

取材　高田真莉絵

編集　内山美恵子

校正　安久都淳子

執筆　難波里奈 (コラム・お店メニュー紹介)

撮影協力
UTUWA (03-6447-0070)
AWABEES (03-5786-1600)

おうちでできるあのメニュー

純喫茶レシピ

NDC596

2019年7月18日　発行
2022年10月1日　第6刷

著　者　髙山かづえ
監　修　難波里奈
発行者　小川雄一
発行所　株式会社誠文堂新光社
〒113-0033 東京都文京区本郷3-3-11
電話　03-5800-5780
https://www.seibundo-shinkosha.net/

印刷所　株式会社 大熊整美堂
製本所　和光堂 株式会社

©Kazue Takayama, Rina Nanba, 2019　Printed in Japan

本書掲載記事の無断転用を禁じます。
落丁本・乱丁本の場合はお取り替えいたします。

本書の内容に関するお問い合わせは、小社ホームページのお問い合わせフォームをご利用いただくか、右記までお電話ください。
本書に掲載された記事の著作権は著者に帰属します。これらを無断で使用し、展示・販売・レンタル・講習会等を行うことを禁じます。

JCOPY 〈(一社)出版者著作権管理機構 委託出版物〉
本書を無断で複製複写(コピー)することは、著作権法上での例外を除き、禁じられています。本書をコピーされる場合は、そのつど事前に、(一社)出版者著作権管理機構(電話 03-5244-5088／FAX 03-5244-5089／e-mail:info@jcopy.or.jp)の許諾を得てください。

ISBN978-4-416-61973-5